Ernst Christen

Wahrheit ist nicht immer wahr

Buddhistische Geschichten

W0466225

Bibliografische Information der Deutschen Nationalbibliothek
Die Deutsche Nationalbibliothek verzeichnet diese Publikation in der Deutschen Nationalbibliografie; detaillierte bibliografische Daten sind im Internet über http://dnb.d-nb.de abrufbar.

Alle Rechte sind vorbehalten.
Copyright © 2007 bei Ernst Christen.
1. Auflage

»Wahrheit ist nicht immer wahr«
von Ernst Christen
ISBN-13: 9783837002355
Herstellung und Verlag: Books on Demand GmbH, Norderstedt

Gesamtkonzept (Text, Umschlag, Abbildung): Der Autor
www.ernst-christen.ch

Vorwort

Innerhalb weniger Jahrzehnte erlebte die Menschheit eine beispiellose technische Entwicklung und nichts in der bekannten Vergangenheit lässt sich mit der unglaublich raschen Abfolge der technischen Epochen der Gegenwart vergleichen: Das Industriezeitalter, das Transportzeitalter, das Elektronikzeitalter, das Atomzeitalter, das Raumfahrtzeitalter und schließlich das Computerzeitalter.

Die Menschheit ist heutzutage in der Lage, unzählige Objekte aus sämtlichen wissenschaftlichen Gebieten zu identifizieren und ihre materiellen Eigenschaften genau zu analysieren. Der heutige Mensch verfügt über ein enormes Wissen - aber trotzdem ist es diesem Menschen bis heute nicht gelungen zu erkennen, wer denn der Erkennende all dieses Wissens überhaupt ist.

Wer bin ich? Wer erkennt all dieses Wissen? Wer erkennt all die Antworten? Woher komme ich? Wohin gehe ich? Wozu das alles?

Wir kennen zehntausend Wahrheiten über genauso viele Dinge, aber niemand kann die einfache Frage, wer wir sind, wahrhaftig beantworten. Und dabei ist das die essentielle und große Frage, die die Menschheit seit jeher sorgt und plagt. Die vorliegende Sammlung von Buddhistischen Geschichten versucht diese bedeutungsvolle Frage befriedigend zu beantworten. Es sind Geschichten, die zu intuitiver Selbsterkennung führen sollen, Geschichten, die von spirituellem Erwachen, von Weisheit und Hingabe erzählen, von Erleuchtung. Aber auch von Wissen und Unwissen, von Dünkel und Zweifel.

Allerdings können diese Geschichten lediglich den intellektuellen Teil der Frage, wer ich bin, beantworten, womit noch keine befriedigende Antwort erbracht ist. Was fehlt? Nichts anderes als ein Mark und Knochen durchdringendes Erlebnis.

Weiß man lediglich vom Hörensagen, wie eine Mango schmeckt, so ist damit höchstens unser Intellekt befriedigt. Hat man dann aber eine Mango gegessen, so weiß man dank einem durchdringenden Erlebnis vollumfänglich Bescheid und niemand kann einem je wieder ein X für ein U vormachen. Um nun in Angelegenheiten wie Weisheit, Freiheit und Güte ein durchdringendes Erlebnis zuwege zu bringen, gibt es die Meditation.

Sehr empfehlenswert ist die buddhistische Atem-Meditation (Anapanasati), bei der der

Geist durch die auf die Ein- und Ausatmung gerichtete Achtsamkeit kultiviert wird, um als ersten großen Schritt eine durchdringende, erlebende Schauung auf unser wahres Wesen hervorzurufen; d.h. eben den zu erkennen, der erkennt. Der Meditierende wird sich dabei intuitiv gewahr, was das leidvolle im Leben ist, was die Quelle dieses Leids ist; er wird sich gewahr, dass er diese Quelle in sich versiegen lassen kann und er wird sich auch gewahr, wie er das anzustellen hat. Und diese geschaute Wahrheit ist wahr. Immer. Und auch wenn sie mal nicht wahr sein sollte, ist sie trotz allem halt eben doch wahr. Das ist ganz einfach. Die Frucht dieser Wahrheitsschauung ist nichts Minderes als ein unser gesamtes Wesen durchdringendes Erlebnis absoluter Freiheit, umfassender Weisheit und unendlicher Güte.

Das ist immerhin schon Mal die halbe Miete in diesem Leben! Das soll man nicht verpassen!

Wie meditiert man also? Man setzt sich mit geradem Rücken hin (entweder auf den Boden oder auf einen Stuhl, den Rücken nicht anlehnen), schließt die Augen und lenkt die Aufmerksamkeit auf die Empfindung des ein- und ausströmenden Atems (z.B. am Rand der

Nasenlöcher oder im Rachen. An beiden Orten spürt man die Luftbewegung ziemlich gut). Schweift man von der Beobachtung dieser Empfindung ab, führt man die Aufmerksamkeit einfach wieder auf die Beobachtung des Atems zurück und lässt sie dort ruhen. Dabei schaut man einfach zu, was in uns drinnen alles so passiert ohne jedoch einzugreifen oder sich davon wegtragen zu lassen. Einfach nur zuschauen und die Aufmerksamkeit stabil auf dem Meditationsobjekt, dem Atem, ruhen lassen! Mit der Zeit lernt man, sich immer weiter zu beruhigen und die Gedanken werden immer weniger. Und jetzt kommen wir zum Kern der ganzen Sache: Wenn ein vergangener Gedanke aufgehört hat und ein zukünftiger Gedanke noch nicht entstanden ist, so ist da eine kleine Lücke dazwischen. Diese Lücke zu verlängern ist Meditation. Aus dieser gedankenlosen und leeren Lücke erscheint ohne unser Zutun alles Weitere von selbst.

Die meditative Achtsamkeit auf die Ein- und Ausatmung ist, so die Überlieferung, von Buddha selber praktiziert, gelehrt und für alle als geeignet empfohlen worden. Entsprechende Literatur darüber kann in fast jeder Buchhandlung gefunden werden. Sehr empfehlenswert ist das Sachbuch »Anapanasati« von Buddhadasa Bhikku (einflussreicher Theravada Mönch aus Thailand, 1906 - 1993) der sehr tief in das Thema eindringt, die Technik, die Vorgehensweise, mögliche Probleme und die Etappen dieses geistigen Wegs aus eigener Erfahrung detailliert beschreibt.

Viele dieser Anekdoten mögen den intellektuellen Leser verwirren, jedoch führen sie äußerst treffend, wenn auch bewusst auf widersprüchliche Art und Weise, direkt zum Kern der Buddhistischen Lehre: der Leerheit aller Daseinsphänomene.

Ein rein rationales Verstehen dieser Texte – und davor sei eindringlich gewarnt! - ist nicht möglich. Die Früchte der Erweckung, nämlich absolute Freiheit, umfassende Weisheit und unendliche Güte müssen, um in uns ganzheitlich realisiert zu werden, genau gleich wie die Mango, einverleibt werden. Dazu gibt es die Meditation. Nur so ist die durchdringende Erfahrung zu verwirklichen. Versucht man dennoch diese Texte mit dem Kopf zu verstehen, als eine Art Rätsel, eine Knacknuss, geht man völlig in die Irre, und letztlich könnte man durchaus meinen, die hier zitierten, ehrwürdigen Weisen seien nichts anderes als ein paar unzurechnungsfähige Verrückte, die man für Erleuchtete hielt.

Es sei hier noch ein Mal angemerkt, dass jede dieser Geschichten von absoluter Freiheit, umfassender Weisheit und unendlicher Güte durchtränkt ist. Wie man aber den Geschichten ihre Essenz entlockt, die sich dem Meditierenden in einem tiefen und widerspruchlosen Verstehen jenseits unseres gesammelten Wissens und unseres so sehr gehegten und gepflegten Erfahrungsschatzes manifestiert, das muss in meditativer Versenkung jeder für sich selber entdecken.

Ist eine dieser Geschichten durchdringend verstanden, sind gleichzeitig alle anderen Geschichten auch gemeistert und können nun, in ihrer Essenz dem Meditierenden bewusst geworden, die allzeit gegenwärtige Erfahrung des Hier und Jetzt erhellen und zur Blüte bringen, zu einer Blüte von nie zuvor im Leben gesehener Schönheit.

Die in diesem Buch gesammelten Geschichten stammen aus verschiedenen Quellen der Buddhistischen Literatur. Die Mehrzahl entstammt den Überlieferungen des japanischen Zen Buddhismus. Andere habe ich während meiner Ausbildung irgendwo auf dieser Welt gehört und später aufgeschrieben. Nur wenige dieser Weisheiten sind also auf meinem eigenen Mist gewachsen und erblüht, die meisten sind definitiv irgendwo abgeschaut, umgeschrieben und ein bisschen verschönert worden (so viel zur literarischen Leistung des Autors).

Mögen diese Geschichten dem Leser helfen, die Welt des Erwachens, die Welt der allumfassenden Weisheit, des höheren Glücks und der selbstlosen Nächstenliebe tief greifend und dauerhaft zu eröffnen.

Ernst Christen
Sept. 2007

Geleitwort

»Es ist das wesentliche Merkmal des Buddhismus, dass die grundlegende Wahrheit immer nur in sich selbst gesucht wird und niemals in irgendetwas Äußerem.«

Zenkei Shibayama

Himmel und Hölle

Ein großer, zäher Krieger, der schon manch grausame Schlacht überlebt hatte, ging einen kleinen Mönch besuchen, weil er etwas mehr über Himmel und Hölle erfahren wollte. »Mönch!«, sagte er mit dem barschen Ton eines Mannes, der sofortigen und unbedingten Gehorsam gewohnt ist, »lehre mich etwas über Himmel und Hölle!«

Der kleine Mönch sah langsam zu dem mächtigen Krieger auf und entgegnete voller Verachtung: »Dich etwas über Himmel und Hölle lehren? Überhaupt nichts kann man dich lehren. Du bist schmutzig, du stinkst und deine Klinge ist rostig. Du bist eine Scham und Schande für die Kaste der Krieger. Geh mir aus den Augen! Ich kann dich nicht ertragen!«

Der Krieger begann vor Wut zu zittern und lief rot an. In blindem Zorn riss er sein Schwert aus der Scheide um den Kopf dieses dreisten Mönchs kurzerhand abzuschlagen.

»Das ist die Hölle.« sagte der Mönch freundlich mit erhobenem Finger und gerade noch rechtzeitig.

Der Krieger war überwältigt. Das Mitgefühl und die Ergebenheit dieses kleinen

Mönchs, der bereit war sein Leben herzugeben, um ihm diese Lehre darzubieten und ihm die Hölle zu zeigen, berührten sein innerstes Wesen. Langsam senkte er sein Schwert, erfüllt von Dankbarkeit und plötzlichem Frieden.

»Und das ist der Himmel.« sagte der Mönch freundlich und beendete damit seine Darlegung von Himmel und Hölle.

Die Grundregel der höchsten Weisheit

Eines Tages kam ein wissbegieriger Mann, der schon viele heilige Schriften studiert hatte und dabei auf seinem spirituellen Weg ins Stocken geraten war, zu einem weitum bekannten Meister und bat: »Meister, schreibt mir bitte die Grundregeln der höchsten Weisheit auf.« Er hoffte dabei etwas Gescheites zu lernen und einen Durchbruch auf seinem Weg zu erringen.

Der Meister griff sofort zum Schreibzeug und schrieb flink auf einen großen Bogen Papier in schönen Schriftzeichen das Wort »Aufmerksamkeit.«

»Ja... ist das denn alles?« fragte der Mann erstaunt. »Andere Meister haben dicke Bücher über die Grundregeln der höchsten Weisheit geschrieben. Wollt ihr nicht noch etwas hinzufügen?«

Der Meister hörte aufmerksam zu, nickte verständnisvoll und schrieb daraufhin gleich zweimal hintereinander: »Aufmerksamkeit, Aufmerksamkeit.«

»Nun,« meinte der Mann schon ziemlich gereizt, »ich sehe wirklich nicht viel Tiefes oder Geistreiches in dem, was Ihr da gerade geschrieben habt. Im Gegenteil: Es erscheint mir töricht! Da gehört noch viel mehr dazu!«

Wieder hörte der Meister dem Mann aufmerksam zu, nickte verständnisvoll und schrieb ohne einen Moment zu zögern das gleiche Wort gleich dreimal hintereinander: »Aufmerksamkeit, Aufmerksamkeit, Aufmerksamkeit.«

Halb verärgert begehrte der Mann nun zu wissen: »Was bedeutet denn dieses Wort Aufmerksamkeit überhaupt?«

Und der Meister antwortete freundlich: »Aufmerksamkeit bedeutet aufmerksam zu sein.«

Wer?

Wenn da jemand eine Frage stellt, wer genau stellt da eigentlich eine Frage? Und wenn dann da jemand eine Antwort erkennt, wer genau erkennt da eigentlich eine Antwort?

Gute Vorsätze

Man könnte meinen, dass ein mit guten Vorsätzen gepflasterter Lebensweg direkt in himmlische Gefilde führt. Leider aber ist dem nicht so, denn dieser Weg führt direkt in die Hölle!

Richtiges Verstehen

Wenn wir Kinder sind und die Dinge um uns nicht verstehen, sind Berge nichts anderes als eben Berge. Wenn wir als junge Menschen anfangen zu verstehen, sind Berge plötzlich nicht mehr Berge. Verstehen wir aber dann als erwachte Menschen endlich richtig, sind Berge wieder Berge.

Der Sinn der Dinge

Der natürliche Drang des Menschen, die Welt der Dinge intellektuell zu verstehen, hindert ihn scheinbar oft widersinnig daran, ein tieferes Verstehen dieser Dinge überhaupt entwickeln zu können. Ein Schüler kam zu seinem Meister und begehrte zu wissen: »Was ist der Sinn von Bodhidharmas Kommen aus dem Westen?«

»Frage den Pfosten da drüben!« entgegnete der Meister abwinkend.

Der Schüler, verwirrt: »Ich verstehe nicht.«

Meister: »Ich auch nicht.«

Wo ist die Weisheit?

Man kann Weisheit nicht irgendwo finden. Es macht daher auch keinen Sinn, sie zu suchen. Wir können aber aufhören unsere geliebten Ansichten und Meinungen zu hegen. Die Weisheit wird dann ganz von selber aus dem Nichts heraus erscheinen.

Armer Dieb

Ein Einsiedler führte ein äußerst einfaches und karges Leben in einer kleinen Hütte am Fuß eines bewaldeten und wunderschönen Berges. Eines Abends, als er gerade nicht zu Hause war, drang ein dreister Dieb in die Hütte ein, der jedoch bald ernüchtert feststellen musste, dass zum Stehlen einfach nichts da war. Genau in diesem Moment kam der Einsiedler zurück in seine Hütte und ertappte den Dieb in flagranti.

»Oh, ich habe Besuch.« begrüßte der Eremit den Halunken mit einem freundlichen und hellen Gesicht. »Du kommst wohl von weit her und scheinst sehr in Eile zu sein. Darum will ich dir noch schnell ein Geschenk machen. Viel besitze ich nicht, lieber Freund, doch mein Hemd will ich dir gerne überlassen.«

Der Dieb stutzte für einen kurzen Moment, riss dem Einsiedler das alte Hemd gierig aus den Händen und machte sich wie ein geölter Blitz auf und davon.

Der Meister saß mit nacktem Oberkörper auf dem Boden seiner Hütte und betrachtete durch das kleine Fenster den abendlichen Mond. »Armer Kerl,« sprach er, sich des dreisten Diebs erbarmend, »ich wünschte, ich könnte ihm diesen wunderbaren Mond schenken.«

Der eine Weg

Wenn du es genau wissen willst, dann zähle die Sterne am Himmel!

Konzept ohne Worte

Solange wir ausschließlich mit Begriffen und Worten arbeiten, können wir niemals zu einer wirklichen Erkenntnis gelangen und somit die Welt der Verblendung und des Unwissens dauerhaft überwinden. Die letzten Wahrheiten entziehen sich ja bekanntlich dem gesprochenen und gedachten Wort. Ein Schüler, der von diesem Problem gehört hatte, fragte seinen Meister: »Zeigt mir bitte den Weg zur Befreiung, ohne gesprochene Worte zu gebrauchen.«

Darauf antwortete der Meister: »Frage mich, ohne gesprochene Worte zu gebrauchen.«

So?

Ein weitum bekannter und beliebter Meister wurde von den Leuten als ein tugendvollendeter und makelloser Heiliger gepriesen. Ein schönes Mädchen, dessen Eltern äußerst angesehene und respektierte Geschäftsleute waren, wohnte in der Nähe des Meisters, und eines Tages entdeckten die Eltern zu ihrem Erschrecken, dass ihre schöne Tochter schwanger war. Das machte die Eltern böse und sie fragten ihre Tochter mehrere Wochen lang verbissen nach dem Schuldigen. Das Mädchen aber wollte nicht gestehen, wer der werdende Vater war, aber nach langem Drängen und Zwängen der Eltern verleumdete es schließlich den Meister. Mit großem Groll und Zorn gingen die Eltern zum Meister und beschuldigten ihn in übler Art der hundsgemeinen Verführung und Schändung ihrer so anständigen und unschuldigen Tochter.

Ein freundliches und mitfühlendes »So?« war alles, was der Meister nach dem gehässigen und vorwurfsvollen Redeschwall der Eltern zu sagen hatte.

Kaum hatte das Kind das Licht der Welt erblickt, brachten es die erzürnten Eltern zum Meister, beschimpften ihn noch Mals der üblen Verführung ihrer sündlosen Tochter und ließen das Kind empört in der Fürsorge des Meisters. Sein guter Ruf war natürlich verloren und viele Leute, die ihn vor kurzem noch als Heiligen verehrten, bezichtigen ihn nun übler Scheinheiligkeit - was ihm jedoch keinerlei Sorgen bereitete. Er kümmerte sich in vorbildlicher Weise um das Kind und von seinen Nachbarn, die noch zu ihm hielten, erhielt er Milch und alles andere, was der Spross der Händlerfamilie benötigte.

Ein Jahr später aber konnte es die junge Mutter vor lauter Gewissensbissen und Schuldgefühlen nicht länger aushalten und erzählte den Eltern mit Tränen in den Augen die Wahrheit: Der echte Vater sei gar nicht der Meister sondern ein junger Mann vom Gemüsemarkt. Natürlich gingen nun der Vater und die Mutter des Mädchens wieder zum Meister und baten ihn beschämt um Verzeihung, entschuldigten sich des Langen und Breiten und wollten ihr Enkelkind selbstverständlich wieder mitnehmen. Der Meister war natürlich einverstanden. Und als er ihnen das Kind zurückgab, war alles, was er dazu sagte, ein freundliches und mitfühlendes: »So?«

Unterwerfung

Die Reden eines beliebten Meisters fanden nicht nur bei Mönchen sondern auch bei Leuten aller Ränge und Gemeinschaften große Beachtung. Nie zitierte er aus heiligen Schriften oder schwelgte in gelehrten Erörterungen. Stattdessen, und darauf begründete die Beliebtheit seiner Predigten, sprach er seine Worte direkt aus seinem Herzen zu den Herzen der Zuhörer.

Über die Verehrung dieses Meisters ärgerte sich ein Priester einer anderen Gemeinschaft, weil nämlich seine Anhänger ihn verlassen hatten, um nun die Predigt vom anderen Meister zu hören. Der verärgerte und selbstsüchtige Priester ging zum Tempel des Meisters, entschlossen, sich in aller Öffentlichkeit mit ihm zu streiten und ihn in übler Weise vor all seinen Anhängern zu beschämen.

»He, Meister! Warte eine Minute!« rief er im Tempel überheblich in die versammelte Gemeinde hinein. »Wer dich achtet, soll sich deinem Wort unterwerfen. Aber ein Mann wie ich, achtet dich nicht. Kannst du mich dazu bringen, dir zu gehorchen?«

»Komm bitte her zu mir, und ich will es dir zeigen.« sagte der Meister freundlich und offenherzig. Stolz bahnte sich der selbstsüchtige Priester, mit der Aufmerksamkeit der ganzen Gemeinde auf sich gerichtet, einen Weg durch die versammelte Menge zum Meister.

Der Meister begrüßte ihn freundlich, wie sich das gehört, und sagte: »Komm bitte an meine linke Seite.« Der Priester wähnte sich durch die freundliche Art des Meisters, die er als Unterwürfigkeit betrachtete, seinem niederträchtigen Sieg nahe. »Nein, entschuldige bitte, das war falsch,« sagte der Meister beiläufig, »wir können wohl besser miteinander reden, wenn du auf der rechten Seite bist. Komm bitte hier herüber, das ist besser so.« Der Priester trat in stolzer Gewissheit auf die rechte Seite hinüber.

»Wie du siehst«, bemerkte der Meister, »gehorchst du mir, und ich glaube, dass du ein liebenswürdiger Mensch bist. Nun setz dich bitte hin und höre zu.«

Nach dem Tod

Wir Menschen können mit unserem Intellekt, der auf Erfahrung und Wissen aufgebaut ist, unmöglich die Welt des Lebens und des Todes erfahrbar durchdringen. Nichts desto trotz wird es immer wieder versucht und so fragte ein Kaiser: »Meister, was geschieht dem Mann der Erleuchtung und dem Mann der Illusion nach dem Tod?«

»Wie sollte ich das wissen, mein Herr?« frage der Meister den Kaiser.

Kaiser: »Nun, du bist doch der Meister!«

Meister: »Ja, aber doch kein toter!«

Wie sterben?

Die Unwissenheit im Umgang mit den einfachsten Angelegenheiten des Lebens kann manchen Wahrheitssucher gehörig durcheinander bringen. So fragte ein Schüler: »Meister, wenn ich eines Tages sterbe, wie mache ich es richtig?«

Meister: »Wenn Du stirbst, dann stirb einfach.«

Der Neuling

Um am Anfang den Weg der absoluten Wahrheiten beschreiten zu können, müssen wir mindestens die einzuschlagende Richtung kennen. In diesem Sinn fragte ein Schüler: »Meister, ich bin noch ein Neuling, bitte zeigt mir den heiligen Weg, der zur Befreiung von Leid und Mühsal führt.«

»Hast du dein Frühstück schon beendet?« fragte der Meister:

»Ja, ich habe es beendet.« antwortete der Schüler.

Der Meister erklärte: »Gut. Dann geh und wasche die Essschalen. Das ist der heilige Weg, der zur Befreiung von Leid und Mühsal führt.«

Da gelangte der Schüler schlagartig zu tiefer Einsicht in die wahre Natur seines Daseins und konnte zum ersten Mal die Welt der Dualität hinter sich lassen.

Hoffnungslosigkeit

Ein Mann, der über eine Ebene wanderte, traf unglücklicherweise auf einen großen, hungrigen Tiger. Der Mann floh, der Tiger verfolgte ihn. Als der Flüchtende an den tiefen Abgrund einer Schlucht kam, suchte er Halt an einer in die Schlucht herabhängenden Wurzel eines wilden Weinstocks und schwang sich über die Kante. Der Tiger beschnupperte ihn von oben, bleckte wild fauchend die Zähne und versuchte, ihn mit den scharfen Krallen seiner Tatze zu ergreifen. Da schaute der Mann in die Schlucht hinab, wo weit unten ein anderer Tiger nur knurrend darauf wartete, dass er hinunter fällt und er ihn fressen kann. Lediglich die Wurzel des Weinstocks hielt ihn noch. Nun kamen auch noch zwei Mäuse ins Spiel, und zwar eine weiße und eine schwarze. Diese machten sich daran, die Wurzel, die allerletzte Hoffnung des bedrängten Mannes, nach und nach durchzunagen. Alles in allem sah es gar nicht gut aus.

In diesem Moment sah er neben sich eine reife und saftige Erdbeere hängen. Während er sich mit der einen Hand an der Wurzel des

Weinstocks festhielt, pflückte er mit der anderen die Erdbeere und aß sie.

Wie süß sie schmeckte!

Die Gans in der Flasche

Der unerwachte Mensch füllt seinen Geist oft mit unsäglichen Belanglosigkeiten an. Natürlich versucht dann ein guter Meister, wenn er damit konfrontiert wird, diese Verunreinigung sofort zu beseitigen.

»Früher«, so frage ein Beamter einen erfahrenen Meister, »gab es einen Menschen, der ein Gänseküken in einer großen Flasche aufzog. Das ging eine Zeit lang gut, doch das Küken wuchs zur Gans heran und diese kam nun nicht mehr aus der Flasche heraus. Nun die Frage: Die Flasche soll nicht zerbrochen und die Gans nicht verletzt werden. Welche Möglichkeit gibt es noch, dieses arme Tier schadlos aus seiner misslichen Lage zu befreien?«

Da rief der Meister laut und respektlos: »He! Beamter!«

»Ja… Meister?« antwortete dieser verdutzt.

Freudig antwortete der Meister: »Siehe! Die Gans ist heraus!«

Anschauungen

Bekanntlich sind Anschauungen und Meinungen eine ziemlich persönliche Sache. Erst wenn sie auf den einfachsten gemeinsamen Nenner hinunter gebrochen sind, können sie für die Allgemeinheit verständlich gemacht werden. Oft genug geht es aber bei einer Meinungsverschiedenheit gar nicht um die Wahrheit sondern nur darum, wer das Recht auf seiner Seite behaupten kann.

Zwei befreundete Mönche stritten über eine im Wind flatternde Fahne. Der erste sagte: »Es ist der Wind, der sich bewegt.« Der zweite sagte: »Nein, es ist die Fahne, die sich bewegt.«

Ein vorbeigehender, sehr erfahrener Meister unterbrach die beiden: »Man könnte tatsächlich meinen, dass sich der Wind oder die Fahne bewegen. In Realität aber bewegt sich keines von beidem,« erklärte er, »es ist der Geist, der sich bewegt.«

Die beiden Mönche verbeugten sich ehrfürchtig vor dem Meister.

Instant-Nirwana

Manchen kann es mit der Befreiung nicht schnell genug gehen. Sie strengen sich auf dem Weg der Wahrheit an und verfolgen das erhabene Ziel - komme was wolle! - mit größter Verbissenheit. So suchte ein junger und ungeduldiger Schüler einen Meister auf und fragte begehrlich: »Meister, wie lange wird es etwa dauern, bis ich Befreiung erlangt habe?«

»Vielleicht zehn Jahre.« sagte der Meister.

»Und wenn ich mich besonders anstrenge, wie lange dauert es dann?« fragte der Schüler unzufrieden mit der Antwort.

»In diesem Fall kann es ohne weiteres bis zu zwanzig Jahren dauern.«

»Aber ich nehme aber wirklich jede Härte auf mich. Ich will so schnell wie möglich ans Ziel gelangen.« bekräftigte der junge Mann schon etwas ungeduldig.

»Dann wird es ganz schwierig.« erwiderte der Meister. »So kann es bis zu vierzig Jahren dauern.«

Trink eine Schale Tee!

Der menschliche Geist sucht ständig nach Definitionen, um Gedachtes zu verarbeiten und zu ordnen. Natürlich sucht auch der spirituell orientierte Mensch nach Erklärungen und verheddert sich zuweilen im philosophischen Dickicht der Ansichten, obwohl es gar keinen Grund dazu gibt. So kommt es, dass unter Umstanden viel gedacht wird, wo es gar nichts zu denken gibt. Fülle tritt so anstelle von Leere, Bewegung anstelle von Ruhe.

Ein Meister traf sich in seiner Hütte mit zwei Mönchen, die sich als Gäste in seinem Kloster aufhielten und fragte einen von ihnen: »Bist du schon einmal hier gewesen?« Der angesprochene Mönch antwortete: »Ich war noch nie hier.« worauf ihm der Meister freundlich sagte: »Bitte setz dich hin und trink eine Schale Tee!«

Dann wandte sich der Meister an den anderen Mönch und fragte auch ihn: »Bist du schon einmal hier gewesen?« Dieser antwortete: »Ich war schon Mal hier.« und auch ihm sagte der Meister genau so freundlich: »Bitte setz dich hin und trink eine Schale Tee!«

Der zufällig anwesende Verwalter des Klosters, ebenfalls Mönch, war äußerst erstaunt und fragte drängend: »Meister, Ihr habt dem noch nicht hier gewesenen Mönch einen Platz zum Sitzen sowie eine Schale Tee angeboten und genau das gleiche dann auch dem bereits hier gewesenen. Warum wohl? Was ist der tiefere Sinn davon?«

Der Meister rief laut: »He! Verwalter!«

»...Ja?«, antwortete dieser überrascht.

»Bitte setz dich hin und trink eine Schale Tee!« antwortete der Meister freundlich lachend.

Schüler testet Meister

Es gibt durchaus Situationen, in denen ein erfahrener Meister eine harte Prüfung seiner Erkenntnis erfährt. So geschehen, als ein Meister seinen Schüler fragte: »Weißt du, dass du in Wirklichkeit gar nicht existierst?«

»Und wem sagt Ihr das?« antwortete der Schüler.

Dicke Töne reden

Ein junger Mönch pilgerte durch das Land und besuchte ein Meister nach dem anderen. Da er bei den Meistern seine Errungenschaften zu zeigen und zu bestätigen wünschte, sagte er jeweils: »Der Geist, Buddha und alle Lebewesen existieren letztendlich nicht. Die wahre Natur der Erscheinungen ist absolute Leere. Es gibt keine Erkenntnis, keine Täuschung, keine Weisheit, keine Erlösung, kein Glück und kein Leid. Es gibt keine Geburt und nichts, das sterben könnte.«

Einer der Meister saß nur still da und antwortete nichts. Nach einer Weile nahm er mit der rechten Hand einen dünnen Holzstock, der neben ihm lag, und fing an den jungen Mönch damit zu belästigen, piekste ihm respektlos in den Bauch, in die Schulter, schlug ihm den Stock voller Hohn an ein Bein und danach sogar, der Gipfel der Frechheit, an den Kopf! Das machte den jungen Mann recht wütend, seine Halsschlagader schwoll an und der Kopf rötete sich. Kurz bevor jedoch der junge Mönch dem alten verkorksten Knacker mal deutlich die Meinung sagen wollte, fragte der Meister sachlich und freundlich: »Wenn nichts existiert, woher kommt dann dieser Zorn?«

Der junge Mönch aber, der sich schon am Ende der Weisheit wähnte, kam in diesem Moment zu tiefer Einsicht über die wahre Natur der Leere jenseits von Gedachtem, verbeugte sich vor dem Meister, wurde sein Schüler und verwirklichte mit seiner Hilfe den kompletten Weg.

Paradies oder Hölle? Was soll's!

Es ist weitgehend egal, ob unser Lebensweg durch das Paradies oder die Hölle führt. Denn wenn wir möchten, können wir es uns selbst in den tiefsten Höllen unseres kläglichen Daseins ziemlich gemütlich machen.

Religiöses Gift

Ein Meister sprach: »Voller Ungeduld warte ich auf das Erscheinen auch nur eines einzigen Schwachkopfes von Mönch, der, reichlich ausgestattet mit einem unverfälschten Vorrat an spiritueller Kraft und innerlich entflammt von einem wilden religiösen Feuer, sich ohne Zögern mitten in das religiöse Gift der buddhistischen Lehre hineinstürzt und augenblicklich daran zugrunde geht und stirbt. Wenn er sich dann aus diesem Tod wieder erhebt, durchdrungen von Einsicht und Läuterung, wird er sich mit einem Kessel von riesigen Ausmaßen bewaffnen und auf der Suche nach wahren und echten Mönchen die ganze große Welt durchwandern. Wo immer er einen Mönch trifft, wird er seinen Kessel mit tödlichem, religiösem Gift füllen und einen Schöpflöffel voll auf diesen Mönch schleudern. Durchnässt, durchtränkt von Kopf bis Fuß, wird dieser Mönch nicht umhin können, sein Leben hinzugeben und zu einem neuen zu erwachen.

Was für eine herrliche Freude, sich daran zu amüsieren!«.

Drei Fürze

Ein Waldkloster besaß ein großes Grundstück mit einem kleinen See darin. Mitten im See war eine kleine Insel mit einer Meditations-Klause. Manch große Klosterkarriere hat ihren Anfang in dieser Klause genommen und gipfelte, begleitet von zahllosen Ehrungen, Lobreden und anderen Beweihräucherungen, im Amt des Abts in einem berühmten Kloster einer großen Stadt.

Ein junger Mönch harrte schon ein ganzes Jahr ohne Kontakt zur Außenwelt auf dieser Insel aus und meditierte beharrlich. Er erreichte in dieser Zeit Grosses und die drei stürmischen Winde des Lebens, nämlich Verblendung, Gier und Zorn, waren aus seiner Sicht mit absoluter Sicherheit gemeistert und ausgemerzt. Sein Geist war frei! Sein Wesen war erleuchtet! Also schrieb er auf einen stattlichen Bogen Papier in vollendeter Kalligraphie ein kurzes Gedicht, rollte den Bogen zusammen, versah ihn mit einer roten Schleife, adressierte ihn an den Abt des Klosters, und gab ihn dem Gehilfen mit, der der Insel ein Mal pro Woche mit einem Ruderboot einen Besuch abstattete und den Mönch mit ein paar Notwendigkeiten versorgte.

In Gedanken malte sich der Mönch bereits aus, wie der weise Abt hinter den vollkommenen Schriftzügen des Gedichts die Erleuchtung des Verfassers erkennt. Schon sah er in Gedanken sein Gedicht in Gold gerahmt und mit allerlei Zierrat geschmückt an einer zentralen Stelle des Klosters aufgehängt, wo es jedermann sofort sähe. Bestimmt würde er bald ein grosser und bedeutender Abt in einem wichtigen Kloster in der Stadt, überhäuft mit Ehrungen, betraut mit den höchsten Würden. Wie stolz wäre seine Mutter! Wie stolz sein Vater!

Die Woche erschien dem Mönch in Erwartung einer Antwort des Abts länger als sonst und als der Klostergehilfe endlich wieder kam, händigte dieser ihm zu seinem Erstaunen, nebst Lebensmitteln und anderen Notwendigkeiten, wieder dieselbe Papierrolle mit derselben roten Schleife darum aus. Der Mönch riss die Rolle dem Gehilfen aus der Hand, öffnete sie hastig und stellte ernüchtert fest, dass der Abt das Gedicht lediglich kommentarlos retournierte, aber – kann das wahr sein! – neben der ersten Zeile seiner vollendeten Kalligraphie ein schludriges »Furz« hingekritzelt hatte. So eine bodenlose Frechheit! Dem aber noch nicht genug: Auch die zweite und ebenso die dritte Zeile seines beispiellosen Gedichts waren vom Abt mit einem verächtlich gesudelten »Furz« verschandelt worden. Das war zu viel! Diesem idiotischen Abt, diesem alten und senilen Knacker musste Mal deutlich die Meinung gesagt werden! Also hieß er den Gehilfen, ihn an das Ufer hinüber zu setzen, stürmte dort aufgebracht in die Hütte des Abts, warf ihm die Papierrolle verärgert vor die Füße und fragte entrüstet: »Was soll das?«

Der Abt setzte ruhig seine Brille auf, nahm die Rolle zur Hand und las, als ob nichts passiert wäre, das von ihm mit dreifachem »Furz« verschandelte Gedicht laut vor:

Überwunden ist der drei Winde Illusion, (FURZ)
Gemeistert Verblendung, Gier und Zorn. (FURZ)
Leer ist Emotion, entfernt der plagende Dorn.
(FURZ)

»So, so,« sagte der Abt nach einem Moment der Ruhe, »die drei großen Winde, Verblendung, Gier und Zorn, hast du also überwunden. Wie kommt es dann, dass nur drei mickrige Fürze dich quer über den See in meine Hütte wehen?«

Was ist Buddha?

Es gibt Schüler, die sind auf ihrem Weg der Befreiung von hochtrabenden Vorstellungen über Spiritualität und Heiligkeit ruhelos umher getrieben und erkennen vor lauter Frömmelei weder Ziel noch Zweck der Lehre Buddhas. Ein solch innerlich entflammter Schüler fragte seinen Meister: »Was ist Buddha?«

»Toilettenpapier!« sagte der Meister trocken. Da gelangte der Schüler augenblicklich zu tiefer Einsicht.

Nichts ist etwas, etwas ist nichts

In unserer Wahrnehmung kann es passieren, dass nichts durchaus etwas ist. Obwohl wir meinen, nichts sei eben nichts, ist nichts trotz allem halt doch etwas. Denn zwischen zwei Berggipfeln ist ja bekanntlich nichts. Dieses Nichts aber nennt man Tal.

Der Weg

Viele großen Meister lieben es, ihre Schüler intellektuell bis zum Äußersten zu verwirren und geben auf sakrale Fragen stets weltliche Antworten und umgekehrt. Das Spiel wird solange weiter getrieben, bis der Schüler sein intellektuelles Streben nach Wahrheit aufgibt und somit die Welt des Wissens und Unwissens überwindet und ablegt.

Ein junger Schüler wurde immer wieder von Zweifel und Dünkel über den buddhistischen Weg heimgesucht und fragte seinen Meister daher: »Was ist der Weg?«

»Da, das Ding jenseits der Klostermauer.« antwortete der Meister beiläufig.

»Davon spreche ich nicht.« sagte der Schüler ungeduldig.

»Über welchen Weg hast du dann gesprochen?« fragte der Meister Vertrauen erweckend.

»Über den großen Weg, Meister.«

»Ach so, der große Weg.« antwortete der Meister. »Der große Weg ist etwas weiter weg und führt in die Hauptstadt.«

Der Schüler blieb leider noch ein paar Jahre in der Welt der Verblendung und Verwirrung verhaftet, bis er sich dann endlich doch noch befreien konnte. Anderen aber haben diese Antworten auch schon geholfen.

In die Zukunft sehen

Ein junger Wandermönch, entflammt von einem inneren religiösen Feuer, kam zu einem Meister und berichtete leidenschaftlich von seinen weiten Pilgerreisen durch Indien, dem Land des Buddha: »Im Himalaja traf ich einen weisen, alten Mann, der in die Zukunft sehen kann. Diese Kunst lehrte er auch seinen Schülern.«

»Das kann jeder. Mein Weg ist viel schwieriger.« sagte der Meister gleichgültig.

»Wirklich? Das ist interessant. Wie ist denn Euer Weg, Meister?« fragte der junge Wandermönch begierig.

Da antwortete der Meister: »Ich bringe den Menschen bei, die Gegenwart zu sehen.«

Sterben ohne mit der Wimper zu zucken

Vor den Toren einer Stadt wütete der Krieg und letztlich gewann die feindliche Armee die Schlacht, sehr zum Leidwesen der Stadtbewohner. Der feindliche General ordnete nämlich an, alle Bewohner hätten innerhalb weniger Stunden die Stadt zu räumen, wer aber nach Ablauf der Frist noch dort gefunden werde, würde erbarmungslos getötet. Also flohen alle Leute mit ihren Habseligkeiten unter dem Arm aus der Stadt. Alle, außer einem unerschrockenen Mönch. Als der feindliche General durch seine Soldaten davon hörte, stürmte er aufgebracht in den Tempel und herrschte den Mönch an: »Weißt du denn nicht, dass ich einer bin, der dich jederzeit und ohne mit der Wimper zu zucken durch mein Schwert töten kann!«

Der Mönch ließ sich durch die barsche Rede nicht beeindrucken und entgegnete ruhig und sachlich: »Weißt du denn nicht, dass ich einer bin, der jederzeit und ohne mit der Wimper zu zucken durch dein Schwert sterben kann?«

Der General stutzte einen Moment, verneigte sich und ging davon.

Der Affe antwortet

Hochtrabenden Vorstellungen über Spiritualität und Religion begegnet man am Besten damit, dass man sie abrupt auf den Boden der Realität zurückholt. Als ein Schüler, ergriffen von einem wilden spirituellen Feuer, seinen Meister fragte, was die Buddhanatur sei, antwortete dieser: »Ich will es dir an Hand eines Gleichnis erklären. Stell dir einen Raum mit sechs Fenstern vor. Darin befindet sich ein Affe. Draußen ruft jemand ›Affe! Affe!‹ und dieser schaut sofort. Kurz: Wenn jemand durch irgend ein Fenster ›Affe!‹ ruft, dann antwortet dieser sofort. Das ist alles.«

Schüler: »Und wenn der Affe schläft?«

Der Meister stand von seinem Sitz auf, packte den Schüler am Kragen und rief aus: »Affe! Ich hab dich!«

Der Schüler verstand die anschauliche Erklärung über die sechs Kontaktfunktionen Sehen, Hören, Riechen, Schmecken, Tasten und Denken nicht sofort. Nach und nach floss jedoch diese etwas seltsame Darbietung der Buddhanatur in sein Wesen über und vermochte ihn eines Tages zu erleuchten, so dass er die Natur des erwachten Daseins vollständig und durchdringend verwirklichte.

Vertrauen und Zuversicht

In China lebte vor langer Zeit ein Junge, dessen größter Wunsch es war Shaolin Mönch zu werden und die Kunst des Kung-Fu als praktizierender Mönch bis zur Erleuchtung zu verinnerlichen. Leider aber, und das war äußerst tragisch, hat er im zartesten Kindesalter durch einen grauenhaften Unfall die rechte Hand verloren. Zum Glück aber war er sehr willensstark und ließ sich durch diese äußerst nachteilige Behinderung nicht von seinem innigsten Wunsch abbringen.

So suchte er unverdrossener Dinge einen Meister. Aber schon diese erste Hürde schien nahezu unüberwindlich, denn er besuchte Kloster um Kloster, brachte den Meistern sein Anliegen vor und wurde stets wieder mit der gleichen Begründung weggeschickt, dass man nämlich Kung-Fu ohne rechte Hand gar nicht erlernen könne. Das sei unmöglich! Und zuweilen wurde er von den vermeintlich ehrwürdigen Meistern sogar herabwürdigend ausgelacht und für töricht erklärt. Jahrelang suchte er also erfolglos einen wohlgesinnten und barmherzigen Lehrer, stieß jedoch nur auf Ablehnung und, wie hätte es anders sein können, wurde auch schon von Zweifel und

Dünkel an Sinn und Zweck seiner Absichten erfasst, suchte aber trotz allem stets weiter, mal mit mehr, mal mit weniger Überzeugung.

Schließlich aber, das Glück schien ihm hold zu sein, erkannte einer der Meister seine starke Entschlossenheit, akzeptierte ihn als Schüler und begann noch in der gleichen Stunde mit der ambitiösen Ausbildung. Der behinderte Junge, inzwischen bereits zu einem jungen Mann herangewachsen, wähnte sich im siebten Himmel, hatte doch der Lehrer Mitleid gezeigt und ihn trotz der fehlenden rechten Hand als Schüler akzeptiert. Welch Glück! So trainierte er im Lauf der folgenden Jahre hart und unerbittlich, nahm keine Rücksicht auf seine Behinderung und setzte seinen Körper und Geist den härtesten Anforderungen aus. Mehr und mehr gehorchte der durchtrainierte Körper seinem Geist und tatsächlich zeichneten sich erste Fortschritte ab.

Doch dann fiel ihm auf, dass man ihm in all der Zeit seit seinem Eintritt ins Kloster, seit mehreren Jahren schon, immer nur einen einzigen Griff beibrachte. Wie verdrießlich! Wie sollte er da lernen zu kämpfen! Immer der gleiche Griff! Es stellte sich kein weiterer Fortschritt ein und – wie konnte es anders sein –

offensichtlich vernachlässigte ihn der Meister auf Grund der Behinderung, auf Grund der fehlenden rechten Hand. Wie ungerecht das Leben doch war! Immer wieder dieser Ausschluss von den Nicht-Behinderten! Es war zum Verrückt werden!

Doch bevor der junge Mann seine Zuversicht gänzlich verlor, meldete ihn sein Meister überraschend bei einem wichtigen Turnier an. Endlich! Nach Jahren der stillen und zurückgezogenen Praxis konnte der behinderte Mönch sein Können unter Beweis stellen. Viel Chancen auf einen Gewinn rechte er sich zwar nicht aus, aber seiner Behinderung zum Trotz wollte er, wie immer wenn er voller Vertrauen war, sein Bestes geben und wenigstens einen Kampf für sich entscheiden.

So kam der Moment, als er im Ring seinem ersten Gegner gegenüberstand und ihn, zu seinem Erstaunen, mit dem jahrelang geübten Griff kurzerhand zu Boden warf und somit seinen ersten Kampf gewann. Unglaublich! Dem aber noch nicht genug. Ebenso schnell und mühelos besiegte er den zweiten und dritten Gegner. Beide lagen nach wenigen Sekunden des Kampfs mit erstaunten und verzerrten Gesichtern auf dem Boden. Welch außerordentliches Glück! Doch es ging sogar noch weiter: Gegner um Gegner verlor ohne jede Chance gegen den jungen Shaolin Mönch mit der amputierten rechten Hand und zum Schluss, wer hätte das jemals zu träumen gewagt, stand er als Sieger eines großen nationalen Turniers da. Unglaublich! Er, der Behinderte, gewann ein großes und wichtiges Tournier. Er, der nicht Mal eine rechte Hand hatte, warf seine Gegner reihenweise zu Boden!

Natürlich ging er nach der Siegerehrung sofort zu seinem Meister und begehrte zu wissen, warum er denn die ganze Zeit über immer nur den einen Griff übte und praktizierte und damit jetzt auch noch so erfolgreich sei.

»Nun«, fing der Meister an zu erklären, »da gibt es vor allem zwei Gründe. Erstens ist es ein hervorragender Griff, ein exzellenter sogar, und zweitens kann man diesen Griff nur abwehren, indem man den Gegner an der rechten Hand packt.«

Die letzten Worte des Meisters

Ein alter und beliebter Meister stand sichtlich am Ende seines Lebens. Seine treuen Schüler versammelten sich in ehrfürchtiger und heiliger Stimmung um sein Sterbelager und konnten den Gedanken nur schwer ertragen, dass ihr geliebter Meister sie bald verlassen würde, sie bald führungslos und alleine zurückließe.

Um dem Meister noch eine letzte Freude zu machen, hatten die Mönche in der Stadt eine bestimmte Art Süßgebäck gekauft, das er sein ganzes Leben lang überaus liebte. Überglücklich boten sie dem greisen und sterbenden Meister nun von diesem Gebäck an.

Mit zitternder Hand und angestrengtem Lächeln griff der alte Mann nach der Delikatesse, führte sie mühsam zum Mund und kaute sie langsam und kraftlos. Man sah deutlich, dass er jeden Moment sterben wird! Sichtlich schwanden seine Kräfte.

Ein letztes Mal noch wollten die Schüler die erhabene Wahrheit aus dem Mund ihres geliebten Meisters vernehmen. Ein letztes Mal nur noch. Und so fragte einer seiner liebsten Schüler, während der Meister noch das Gebäck kaute, ob er eine letzte Botschaft für sie habe. Ein schwaches Nicken war die Antwort und die Schüler rückten dem Sterbenden ganz nahe, um seine Stimme, im Angesicht des Todes matt und schwach geworden, noch ein letztes Mal zu hören.

Der Greis hüstelte schwach und schluckte den Rest des Gebäcks hinunter. Die Schüler warteten ehrfürchtig auf die letzten, heiligen Worte. Die Spannung stieg ins Unermessliche. Der Meister sammelte nun seine letzten Kräfte und sprach mit schwacher, aber ruhiger und gefasster Stimme: »Dieses Gebäck ist einfach köstlich.«

Danach verstarb er friedlich mit einem verschmitzten Lächeln auf den Lippen und der Gewissheit, die Lehre Buddhas sogar noch in seinem letzten Lebensmoment weiter gegeben zu haben.

Was ist sterben?

Wenn du meinst, dass du am Ende deines Lebens stirbst, dann irrst du dich. Wenn du aber meinst, dass du am Ende deines Lebens nicht stirbst, dann irrst du dich auch.

Wahrhaftige Meditation

Als ein Meister zufällig die Meditationshalle betrat, fand er dort zwei Mönche vor. Der eine saß in perfekter Haltung unweit des Eingangs und meditierte beharrlich, während der andere eingeknickt in einer dunklen Ecke hockte und schlief, ja sogar laut schnarchte. Der Meister nahm einen Stock und schlug damit auf den Bretterboden, dass es nur so krachte.

Der schnarchende Mönch wachte auf, hob den Kopf, sah den Meister in der Halle stehen, nickte seelenruhig wieder ein und schnarchte nach ein paar Momenten sogar wieder laut.

Da wandte sich der Meister an den anderen Mönch, der da in perfekter Haltung beharrlich übte und sagte zu ihm: »Der junge Kerl in der Ecke da, der weiß wie man wahrhaftig meditiert. Du aber, mit deinen seligen Träumen, was machst du hier?«

Gib das Leiden auf!

Ein alter Wandermönch, der fast sein ganzes Leben erfolglos dem spirituellen Erwachen verschrieben hatte, kam zu einem Meister und klagte: »Ich habe in meinem Leben eine Vielzahl von spirituellen Lehrern aufgesucht und meine Vergnügungen nach und nach alle aufgegeben. Ich habe meine Begierden erfolgreich bekämpft, habe lange Zeit gefastet, mich jahrelang dem Zölibat unterworfen und mich auch regelmäßig kasteit. Ich habe alles getan, was von mir verlangt wurde, und ich habe wahrhaft gelitten. Doch das Erwachen wurde mir nicht zuteil. Ich habe alles aufgegeben, jede Gier, jede Freude, jedes Streben fallengelassen. Was um Himmels Willen soll ich denn jetzt noch tun?«

Der Meister sagte: »Gib das Leiden auf!«

Und so realisierte der Wandermönch noch im hohen Alter die Einsicht in die universalen Gesetze und befreite sein Dasein schlagartig und tief greifend von aller Mühsal und Not.

Nichts oder nichts?

Ein verwirrter Schüler, dem seines Meisters Antworten auf die drängenden Fragen bezüglich der Welt der Dinge und der Leerheit aller Daseinsphänomene völlig unverständlichen waren, kam zum Meister und wollte wissen: »Wie ist es, wenn ich mit nichts zu Euch komme?«

»Wirf es fort!« antwortete der Meister.

»Was soll ich fortwerfen, wenn ich nichts habe?« fragte der Schüler verwirrt.

»Wenn es sich so verhält«, sprach der Meister, »dann trage es halt mit dir herum!«

Werde Buddha!

Bodhidharma sprach: »Die Wahrheit ist nicht in Büchern zu finden. Weder Zeichen noch Worte beinhalten das absolute Gesetz. Wende dich an das Herz zurück, nach innen, und werde, wenn du dich selber durchschaut hast, zum Erwachten, zu Buddha.«

Das wertvollste Ding der Welt

Ein Schüler, der seinen Geist nicht von den drängenden Vorstellungen über die Dinge und deren Werte loszulösen vermochte, jedoch in seinem Intellekt voller Inbrunst das allerwertvollste Ding zu erkennen glaubte, ging zu seinen Meister um aus dessen Mund höchstpersönlich die Bestätigung über seine vermeintliche Einsicht in das wertvollste aller Dinge, nämlich die absolute Freiheit, zu hören. Er fragte: »Meister, was ist der wertvollste Gegenstand in dieser Welt?«

»Der Kopf einer toten Katze.« entgegnete der Meister munter.

»Warum denn das?« entgegnete der Schüler sichtlich überrascht.

Der Meister antwortete mit ernster Miene: »Ganz einfach. Weil niemand seinen Preis nennen kann«.

Obwohl der Meister die Buddhalehre klar und deutlich dargelegt hatte, dachte der Schüler noch jahrelang an Köpfe von toten Katzen, bis er dann doch noch die Welt der Dinge und sich selber durchdringend erfahren konnte.

Substanz und Wirkung der Weisheit

Wer die Wahrheit in äußeren Dingen sucht ohne den zu erkennen, der erkennt, kann sich nie von bohrendem Zweifel und Dünkel befreien. Ein so von Zweifel und Dünkel heimgesuchter Schüler, der angestrengt nach höheren Wahrheiten suchte ohne jemals einen wirklichen Erfolg verbuchen zu können, fragte seinen Meister: »Was ist die Substanz der Weisheit?«

Der Meister antwortete Vertrauen erweckend: »Die Substanz der Weisheit ist, dass ein dunkler Stein den hellen Mond verschluckt.«

Der Schüler, intellektuell nun komplett in Verwirrung geraten, fragte weiter: »Und was ist denn die Wirkung der Weisheit?«

Der Meister erkannte die Gunst des Moments und sagte: »Die Wirkung der Weisheit ist, dass Hasenweibchen schwanger werden.«

Diese Worte fegten dem Schüler jeglichen Zweifel und Dünkel hinweg, und er erlebte die augenblickliche Verwirklichung der Weisheit.

Das Murmeln des Baches

Wenn wir Zweifel und Dünkel in unserem Wesen fühlen, heißt das nur, dass wir in der Welt des Wissens und Unwissens gefangen sind, in einer Welt von Verblendung und Verwirrung. Ein echter Wahrheitssucher sucht natürlich einen Ausweg aus dieser Situation. So fragte ein Schüler: »Meister, wie kann ich in die Befreiung eintreten?«

»Hörst du das Murmeln des Baches da hinter der Hütte?« fragte der Meister den Schüler. Der Schüler bejahte.

»Sehr gut.« sagte der Meister. »Genau dort ist dein Eingang.«

Der Schüler brauchte allerdings noch ein paar Jahre um den Eingang tatsächlich zu finden. Aber er konnte sich mit Hilfe des murmelnden Bachs die höchsten Weisheiten eröffnen und damit die Welt des Wissens und Unwissens überwinden.

Trägst du es noch immer mit dir herum?

Das Wissen um Dinge und Umstände verblendet in aller Regel den Wissenden und so kann das Wissen um Regeln auch Mönche gehörig durcheinander bringen.

Zwei buddhistische Ordensbrüder, Tanzan und Ekido mit Namen, schon lange enge Freunde, wanderten einmal in heftigem Regen eine schmierige Landstrasse entlang. Die Nässe hatte die Fahrbahn völlig aufgeweicht und mehrere Zentimeter hoher Morast und Schlick waren nun an Stelle einer ansonst kompakten Erdschicht. Wer auch immer die Strasse nur für eine kurze Strecke beschritt, kam nicht darum herum seine Schuhe, Füße und Kleider bis mindestens zu den Knien mit dem braunen und breiigen Morast zu beschmutzen.

Als Tanzan und Ekido um eine Wegbiegung in ein kleines Dorf kamen, trafen sie am Straßenrand ein sehr hübsches und anmutiges Mädchen in einem bezaubernden Seidenkleid, das offensichtlich die Strasse überqueren wollte. Natürlich traute es sich nicht, denn schon nur ein Schritt hinaus in den Schlamm hätte die überaus schöne Aufmachung zweifellos völlig ruiniert. Der Mönch Tanzan sah das zögernde Mädchen, sprach »komm her, Mädchen!« nahm es sogleich auf die Arme und trug es über den pappigen Morast und die braunen Pfützen auf die andere Straßenseite, wo er es ohne weiteren Kommentar wieder absetzte.

Ekido war bestürzt und sprach peinlich berührt kein Wort während des weiteren Wegs. Er grübelte fortwährend in aufgewühlter Stimmung, was wohl mit Tanzan los sei, dass der ohne weiteres einfach eine Frau anfasst, dazu noch eine junge und ganz hübsche. Das ist doch den Mönchen auf das strengste verboten! Was für eine Unbesonnenheit! Was für ein Regelbruch! Sein bester Freund hat eine der Hauptregeln des Mönchdaseins ganz unbedacht verletzt! Als ob er seine ganzen Grundsätze über Bord geworfen hätte! Als ob er vom Bösen persönlich geritten wäre! Unglaublich! Ob er sich wohl bald von Wahrheitssuche und Erkenntnis abwendet und demnächst seine Mönchsrobe ablegt? Hat er sich, der Erleuchtung schon ganz nahe, wie ein Gewöhnlicher von den weltlichen Gelüsten verführen lassen? Vom berauschenden Geruch der Frauen? Von dunklen Vorwürfen und gespannter Empörung geschwängerte Fragen tosten, keine vernünftige Antwort findend, durch Ekidos Kopf, wühlten ihn auf und verdunkelten sein ansonsten helles Gemüt. Schon sah er in Gedanken seinen besten Freund den Mönchsorden verlassen, sah ihn sich ausschweifend den weltlichen Gelüsten hingeben, den Frauen, dem Wein und laut grölendem Gesang! Ekidos Seele schmerzte bei diesen Vorstellungen und als die beiden Freunde nach langer Wanderung beim Eindunkeln einen kleinen Tempel erreichten, bei dem sie die Nacht verbringen wollten, konnte er nicht länger zurückhalten und die Worte sprudelten geradewegs aus ihm heraus: »Wir Mönche dürfen keine Frauen anfassen, ja nicht Mal in ihre Nähe kommen! Vor allem vor den jungen und hübschen müssen wir uns in Acht nehmen. Das ist gefährlich! Warum hast du das nur getan?«

»Ich ließ das Mädchen dort stehen,« sagte Tanzan ruhig, »trägst du es noch immer mit dir herum?«

Der gekaufte Teufel

Ein Mann schlenderte in der Absicht sich etwas Erfreuliches zu kaufen über den Markt und schaute sich interessiert die feilgebotenen Waren an. Er suchte nach nichts Bestimmten, denn er folgte lediglich einem Impuls, sich eben etwas Angenehmes zu erstehen. Es gab da allerlei Leckereien, feine Kleider, nützliche Gebrauchsgegenstände, Möbel aus edlen Hölzern, Salben aus feinsten Zutaten, edle Teppiche und erlesene Artikel aus aller Herren Länder.

Bei einem der Verkaufsstände erblickte er in einem Käfig einen Teufel und er wusste sofort, dass er genau diesen haben wollte. Es war nämlich ein schöner Teufel mit wachem Blick, etwas größer als ein Meter, mit rötlichem Fell, scharfen Krallen und zwei langen und spitzen Reißzähnen. Ein Super-Teufel! Es gab keinen Zweifel. Diesen wollte er unbedingt haben.

»Ist dieser Teufel zu verkaufen?« fragte der Mann den Händler.

»Gewiss mein Herr, gewiss. Und es ist ein vorzüglicher Teufel. Sie werden mit ihm ganz bestimmt Ihre Freude haben. Er ist stark und fleißig und kann Ihnen all Ihre Arbeiten abnehmen, das Haus putzen, Essen kochen, Geschirr spülen, den Garten umgraben, Gemüse pflanzen, Holz hacken, Kleider waschen, Hemden bügeln und so weiter und so fort. Und was er noch nicht kann, können Sie ihm mühelos beibringen. Ich bin mir sicher, dass Sie Ihre helle Freude an diesem vorzüglichen Teufel haben werden. Er wird jeden Ihrer Befehle treu und ergeben befolgen.«

Über den Kaufpreis wurde man sich schnell einig. Da der Mann genau wusste, dass er eben gerade diesen Teufel haben wollte, verhandelte er den Kaufpreis nicht und bezahlte die geforderte Summe in bar.

»Da Sie nicht um den Preis gefeilscht haben,« sagte der Händler als er den Käfig mit dem Teufel darin aushändigte, »will ich Ihnen noch etwas sagen. Seien Sie stets auf der Hut, denn er ist und bleibt ein Teufel, und die sind ja bekanntlich schlecht.«

»Sie hatten doch eben gesagt, der Teufel sei vorzüglich!« protestierte der Mann empört.

»Ja ja, das ist er ja auch.« antwortete der Händler. »Aber er ist und bleibt eben ein Teufel! Teufel sind nun einmal schlecht. Da lässt sich nichts machen. Sie müssen ihm einfach jeden Tag genau sagen, was er zu tun hat. So und so lange Kleider waschen, von dann bis dann Hemden Bügeln, dann so und so lange den Garten umgraben, anschließend bis zu dieser Uhrzeit Holz hacken und so weiter. Sie müssen ihn immer beschäftigt halten, Tag und Nacht, denn wenn er nicht weiß, was er tun soll, wird er gefährlich.«

»Na gut, das ist kein Problem.« entgegnete der Mann und nahm den Teufel mit.

Peinlich genau gab er ihm jeden Tag die zu erledigenden Arbeiten auf, hieß ihn am Morgen das Haus putzen, anschließend das Mittagessen kochen und das Geschirr abwaschen, nach dem Mittagessen den Garten in Ordnung bringen und später Holz hacken oder andere Arbeiten erledigen. Der Teufel war tatsächlich überaus fleißig und befolgte jeden Befehl seines Besitzers auf das Genauste. Und in der Nacht - oder wenn es Mal nichts zu tun gab - so hieß ihn der Mann auszuruhen und zu schlafen. Auch das tat der Teufel wie befohlen – nicht etwa weil er müde war, nein, sondern einfach weil er musste. Es war eine wahre Freude diesen Teufel bei sich zu haben! Er versüßte seinem Besitzer das Leben. Alles verlief nach Wunsch.

Nach ein paar Wochen, als der Mann eines Nachmittags in der Stadt Besorgungen verrichtete und der Teufel zu Hause wie aufgetragen schuftete, traf er zufälligerweise einen alten Bekannten. Beide freuten sich sehr, hatten sie sich doch viele Jahre nicht gesehen und gingen nun zusammen in eine Weinschenke, wo sie sich bei ein paar Gläsern guten Wein begeistert erzählten, was sie in den letzten Jahres alles so getan hatten und was dieser und jener, den sie kannten, dem Hörensagen nach getan hatte. Je mehr Wein sie tranken, desto ausführlicher und freudiger erzählten sie ihre Geschichten und dabei wurde es langsam Abend. In fröhlicher Stimmung und schon ziemlich angetrunken schwankten die beiden dann in das nahe gelegene Vergnügungsviertel, wo sie bis tief in die Nacht hinein weiterzechten und sich zu guter Letzt, um die Nacht gebührlich abzurunden, mit den käuflichen Mädchen ausführlich amüsierten. Es tat gut, mal wieder so richtig auf dem Putz zu hauen.

Mit einem gehörigen Schreck wachte der Mann nach ein paar Stunden Schlaf neben einem nackten Mädchen auf. Es war bereits kurz vor Mittag. »Der Teufel! Ich hab den Teufel vergessen!« schoss ihm durch den Kopf. Er sprang vom Bett, zog hastig seine Hose an, raffte aufgeregt die anderen Kleider zusammen und rannte, eine Katastrophe befürchtend, wie ein geölter Blitz zum Bordell hinaus nach Hause.

Dort angekommen sieht er bestürzt, wie aus dem Küchenfenster eine dicke und schwarze Rauchwolke quillt. Es sträubten sich seine Haare. Gesträubten Haares stürmte er in sein Haus, rannte durch das Wohnzimmer in die Küche, wo der grinsende Teufel auf dem hölzernen Fußboden ein großes Feuer entfacht hatte und an einem Spieß das Kind des Nachbarn röstete.

Buddha wird zum Teufel

Suche die Freiheit außerhalb deines Wesens, und die Freiheit wird zum Gefängnis! Suche die Wahrheit außerhalb deines Wesens, und die Wahrheit wird zur Lüge! Suche den Buddha außerhalb deines Wesens, und der Buddha wird zum Teufel!

Buddhismus ist kompletter Unsinn!

»All dieses Buddhismus-Zeug ist doch kompletter Unsinn!« kritisierte ein Religionsverächter einen erfahrenen Meister.

»Da hast du völlig recht!« stimmte ihm der Meister zu. »Allerdings erkennen dies normalerweise nur die sehr fortgeschrittenen Buddhisten, denn das ist eine überaus tiefe Erkenntnis.«

Intellektuelle Analyse

Seit unzähligen Generationen analysieren die Intellektuellen den Buddhismus im klinischen Labor ihrer Gedanken und behaupten dann, es sei nichts daran.

Wie Recht sie doch fast haben! Die großen Buddhistischen Meister kommen nämlich zur gleichen Überzeugung.

Woher kommst du?

Ein fortgeschrittener Mönch pilgerte, um seine Studien weiter zu vertiefen, von einem Meister zum Anderen. An einem Abend kam er in einem neuen Kloster an, wo ihn der Meister freundlich willkommen hieß und fragte: »Woher kommst du?«

»Aus einem Kloster westlich vom Fluss.« antwortete der Mönch höflich.

»Und wo warst du während des Sommers?« fragte der Meister etwas skeptisch.

»Während des Sommers war ich in einem Kloster südlich des Sees.« antwortete der Mönch weiterhin sehr höflich.

»Wann hast du das Kloster verlassen?« fragte der Meister, den Mönch nun kritisch überprüfend.

»Am 25. August ging von dort fort.«

»Oh du armer Irrer!« antwortete der Meister enttäuscht. »Ich verzichte darauf, dich für deine dummen Antworten zu bestrafen.«

Der Meister drehte sich um, ging zurück in seine Hütte und ließ den verdutzten Mönch alleine im Klostereingang stehen. Dieser verstand beim besten Willen nicht, warum der Meister so enttäuscht reagierte und grübelte in seiner neuen Hütte während der ganzen Nacht, was zum Teufel er wohl falsch gemacht hatte. Er konnte aber keine befriedigende Antwort finden und so suchte er am nächsten Morgen in aller Frühe den Meister auf und bat ihn: »Gestern hast du gesagt, dass du darauf verzichtest, mich für meine dummen Antworten zu bestrafen. Bitte sage mir, was ich falsch gemachte habe.«

»Oh du Dummkopf!« beschimpfte ihn der Meister. »Was kümmert dich das: Mal westlich vom Fluss, mal südlich vom See? Was soll der Unsinn!«

Auf diese Worte hin erlebte der Mönch eine äußerst tiefe Erkenntnis und konnte die absolute Wahrheit verwirklichen.

Wahrheit und Lüge

Es gibt Menschen, die durchaus die Wahrheit sagen, wenn sie lügen. Anderseits gibt es aber auch Menschen die lügen, wenn sie die Wahrheit sagen.

Die höchste Wahrheit

Ein Schüler, der die Befreiung in äußerlichen Dingen und infolgedessen außerhalb seines eigenen Wesens suchte und dadurch der Verwirrung anheim gefallen war, fragte seinen Meister: »Was ist die höchste Wahrheit?«

Der Meister erkannte die Situation intuitiv und antwortete: »Weder die sechs Kontaktorgane, nämlich Auge, Ohr, Nase, Zunge, Körper und Bewusstsein, noch die sechs Kontaktfunktionen, nämlich Sehen, Hören, Riechen, Schmecken, Tasten und Denken können die höchste Wahrheit je erfassen. Es gibt kein Was, nur ein Wie.«

Töte den Buddha!

Triffst du unterwegs auf deinem Weg der Wahrheit den Buddha, dann töte ihn!

Der all und eine Husten

Ein von Meinungen und Buchwissen verwirrter Mönch wollte dringend etwas mehr über die Essenz des Buddhismus erfahren und fragte seinen Meister: »Was ist das All und Eine?«

Der Meister hustete.

»Aha. Das ist es also.« sagte der Mönch erfreut, worauf der Meister ernüchtert feststellte: »Jetzt lassen sie mich nicht einmal mehr husten!«

Nichts Besonderes

Ein Meister sprach zu seinen Mönchen: »Im Buddhismus gibt es keinen Platz für besondere Anstrengungen. Seid ganz gewöhnlich und unspektakulär. Esst, trinkt, dann entleert euch, und wenn ihr müde seid, geht schlafen. Narren werden über meine Worte lachen, der Weise aber versteht sie.«

Kein Mitgefühl

Das Gesetz von Aktion und Reaktion ist unbarmherzig und wo kein Mitgefühl gelebt wird, ist auch keines zu erwarten.

Eine alte Frau, die ein großzügiges Gemüt besaß, unterstützte seit über 20 Jahren einen Mönch, der in einem nahe gelegenen Waldstück lebte und meditierte. Sie hatte ihm eine kleine und angemessene Hütte bauen lassen und versorgte ihn täglich mit Nahrung und rief sogar nach einen Arzt, wenn der Mönch Mal ernsthaft krank wurde. Nach all den Jahren der Unterstützung wollte sie aber eines Tages wissen, welche Fortschritte denn der Mönch eigentlich gemacht hatte und schickte zu diesem Zweck ein junges und hübsches Mädchen zur Mönchsklause mit dem Auftrag, den Mönch leidenschaftlich zu umarmen und ihn dann zu fragen: »Was weiter nun?«

Das Mädchen tat wie aufgetragen, umarmte den Mönch und stellte ihm die verfängliche Frage, was sie nun weiter tun sollten. Der Mönch antwortete: »Es ist wie ein alter Baum, der im Winter auf einem kalten Fels steht. Weit und breit gibt es keine Wärme.«

Das Mädchen ging darauf zurück und berichtete der alten Frau alles ganz genau.

»Stell dir nur vor, dass ich diesen Kerl über 20 Jahre lang gefüttert habe!« schimpfte die alte Frau verärgert. »Dieser herzlose Kerl zeigte nicht die geringste Neigung, dir in deiner Liebesnot zu helfen. Er musste ja nicht gleich auf deine Leidenschaft eingehen, aber etwas mitfühlende Güte hätte dieser Reis fressende Nichtsnutz durchaus zeigen können.«

In ihrem Ärger begab sich die alte Frau umgehend zur Hütte des Mönchs und brannte sie kurzerhand nieder.

Liebe

Man kann Liebe niemandem geben. Man kann Liebe nur annehmen.

Der erhabene Flötenton

In grauer Vorzeit, als der Buddhismus noch nicht in Japan angekommen war, machten sich mehrere Pilger in Richtung China auf, um dort den Buddhismus zu studieren und zu praktizieren. Einer dieser ehrwürdigen Pilger brachte den Buddhismus dann als Erster nach Japan. Da er aber nach einer Audienz beim Kaiser spurlos verschwand und außer einem Flötenton nichts von der Buddhistischen Lehre vorzeigte, wohl weil er etwas schüchtern war, hatte man dies auch längst wieder vergessen.

Dieser Pilger besuchte einst China und verwirklichte dort die durchdringende Erkenntnis in die universalen Gesetze. Er wanderte nicht umher wie andere sondern zog sich in ein entlegenes Tal zurück und meditierte beständig. Wurde er von neugierigen Gläubigen gefunden und gebeten, eine Predigt zu halten, sagte er ein paar Worte und zog sich dann noch tiefer in das Tal zurück, wo er nicht mehr so einfach zu finden war.

Der Kaiser hörte von diesem Pilger als er nach Japan zurückkehrte und forderte ihn auf, zu seiner und seiner Untertanen Erbauung über den Buddhismus zu predigen. Der Pilger stand zuerst nur schweigend vor dem erwartungsvollen Kaiser und seinem Gefolge. Die Spannung stieg ins Unermessliche. Dann holte der Pilger eine Flöte aus den Falten seiner Kleidung und blies in vollendeter Hingabe aus der intuitiven Leere heraus einen kurzen und wohlklingenden Ton. Er verneigte sich höflich und verschwand.

Inhalt